Couvertures supérieure et inférieure manquantes

Chroniques

DE

MORTAIN

Par M. Hippolyte SAUVAGE, Avocat.

Feuilleton du Journal **le Mortainais**, des 23 et 30 Octobre 1850.

MORTAIN.
Imprimerie-Librairie d'Auguste LEBEL.
1850.

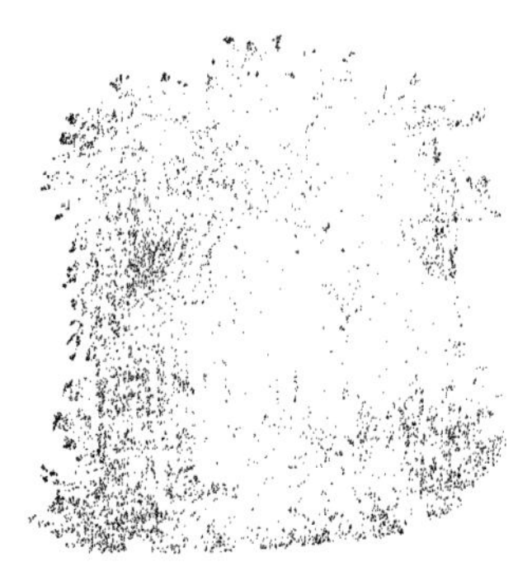

CHRONIQUES DE MORTAIN.

PREMIÈRE PARTIE.

L'ancien cimetière de la paroisse du Rocher, — Le nouveau cimetière de la ville de Mortain.

Pardonnez-nous, abonnés du *Mortainais,* si nous détournons un instant votre attention et si nous interrompons, pour une semaine, la série de vos chers feuilletons. C'est un sacrifice que nous osons réclamer de vous ; et nous disons sacrifice, parce que nous croyons que c'est la seule expression qui soit convenable dans la circonstance, car nous vous prévenons à l'avance que vous ne trouverez aucune compensation dans la lecture de cette revue retrospective des annales de notre ancien Mortain. Mais, en vérité, malgré la résolution que nous avions prise de ne rien laisser transpirer du travail que nous faisons imprimer en ce moment, et qui sera dans vos mains d'ici à peu de mois (1), l'occasion est si favorable, que nous ne saurions la laisser échapper.

Permettez-nous donc, à propos du délaissement de notre ancien cimetière du Rocher, et à propos de la bénédiction du nouveau lieu consacré, le 22 septembre dernier, à la sépulture des habitants de notre cité ; et surtout à propos de l'édification d'un oratoire que l'on doit incessamment élever auprès de cet endroit où nous viendrons successivement choisir notre dernière demeure : permettez-nous donc, disons-nous, de vous soumettre le récit de quelques évènements dont nous avons suivi les indications dans les sources écrites de l'histoire de notre pays (2).

Les administrateurs éclairés de notre ville, sentant l'urgence d'une réforme qui avait été déjà tentée avant eux, il y a bientôt cent années, viennent enfin d'obtenir l'abandon de notre ancien cimetière de la paroisse du Rocher. L'intérêt général avait dès long-temps réclamé cette mesure, sans pouvoir l'obtenir, et de jour en jour il devenait plus nécessaire encore d'atteindre le but

---

(1) Nous demandons pardon à nos souscripteurs de ne pouvoir leur promettre la publication de nos *Recherches historiques sur l'arrondissement de Mortain*, avant quelque temps encore. D'impérieuses difficultés nous ont empêché d'en commencer l'impression avant le mois de juillet, et maintenant nous ne saurions avancer sans y donner des soins extrêmes qui ne permettent pas une trop grande promptitude. Nous voulons saisir cette occasion pour les prier de prendre patience : ils peuvent être convaincus néanmoins que nous travaillons activement.

(2) Si nous ne transcrivons pas ici nos pièces justificatives, c'est que nous les réservons pour notre histoire générale de l'arrondissement.

proposé. C'est qu'en effet, l'ancien cimetière, d'une étendue bien insuffisante et remué sans cesse, commençait même à offrir des dangers réels pour la salubrité publique : les terres y prenaient une élévation qu'il était impossible d'arrêter et de calculer à l'avance ; tout enfin donnait à nos concitoyens de justes motifs de craintes. Beaucoup pourtant eussent voulu y trouver un asile auprès de leurs parents, de leurs amis et de tous ceux qu'ils avaient connus ; beaucoup eussent voulu y venir mêler leurs cendres avec celles des générations qui nous ont précédés. Mais dans l'intérêt des vivants, nous avons dû nous résigner à ne plus troubler les souvenirs de ceux qui dorment déjà là depuis bien des siècles.

Cette circonstance nous a fait rechercher à quelle époque ce cimetière a commencé d'exister ; nous nous sommes donc mis à relire les vieilles chroniques, et nous avons été assez heureux pour trouver des traces de son existence dans plusieurs d'entre elles.

La plus ancienne de toutes est la charte qui fut rédigée en 1082, lors de la fondation du prieuré du Rocher. Cette charte nous apprend que le comte Robert donna à cette occasion aux religieux qui habitaient cette maison, le droit de sépulture à leur église, non-seulement de ceux qui viendraient à décéder dans la paroisse du Rocher, alors distincte de celle de Mortain, mais encore de ceux qui résidaient dans l'enceinte de la ville de Mortain, et dont le service funèbre devait être célébré dans l'église de Saint-Evroul, connue plus tard sous le nom de Saint-Guillaume.

De là résulte la preuve bien authentique qu'il n'y

avait qu'un cimetière pour les deux paroisses, et qu'il était dans celle du Rocher.

Ce furent les termes mêmes de cet acte qui donnèrent lieu, environ cinquante ans plus tard, à de longues et nombreuses procédures entre les chanoines de la collégiale de Mortain et les religieux du prieuré. Après des querelles souvent répétées, l'affaire fut enfin portée à Rouen et ne fut terminée que par une transaction passée entre les parties, en 1137, et dont les clauses nous ont été conservées. Elles portent en substance, que le cimetière situé près l'église du Rocher recevrait sans distinction les cendres des habitants des deux paroisses, mais que les dépouilles mortelles des chanoines, des clercs, des habitués et de ceux qui étaient employés dans la collégiale, pourraient être déposées s'ils le voulaient dans un cimetière particulier. — Ce cimetière, situé dans le principe autour de l'église de Mortain, fut transféré plus tard non loin de la fontaine Saint-Guillaume, dans un enclos qui forme un jardin aujourd'hui. Il portait le nom de cimetière d'honneur. — Mais dans le cas où ces ecclésiastiques n'auraient pas témoigné de désirs exprès, ils durent être inhumés dans celui du Rocher. A ces conditions l'union fut maintenue ; et pour preuve, il fut convenu que lorsqu'un membre de la collégiale viendrait à mourir, le doyen et ses chanoines se réuniraient au Rocher pour délibérer sur ce qui devrait être fait : et de même, le prieur et ses religieux durent se rendre à Saint-Evroul dans les circonstances semblables, afin d'y choisir le lieu convenable pour la sépulture du défunt. Enfin, Richard, archevêque de

Rouen, dont la mission avait été toute de paix dans cette affaire, pour donner plus de force aux conventions stipulées, y apposa l'empreinte de son cachet, en menaçant d'anathème tous ceux qui viendraient à les enfreindre.

Ainsi, il est bien constant qu'aux années 1082 et 1137, un cimetière général existait déjà auprès de l'église du Rocher, et qu'il n'y en avait pas d'autre avec celui-là que le cimetière d'honneur, qui était infiniment petit. Etait-ce donc le même cimetière que nous voyons aujourd'hui ? Nous pouvons l'affirmer, parce que l'on ne trouve pas de vestiges d'aucun autre emplacement, et que d'ailleurs toujours autrefois les cimetières étaient attenants aux églises. Et puis, les conditions de la fondation des deux églises de Mortain et du Rocher ont constamment reçu leur entière exécution jusqu'en 1793 : or, l'une de ces conditions était l'interdiction expresse d'enterrer autre part que dans le faubourg. Nous savons de plus, que dans ces temps où la richesse attirait presque seule les honneurs, les églises recevaient les cendres du clergé et de la noblesse, tandis que les cimetières extérieurs servaient de couche funèbre pour ceux dont les offrandes n'étaient que minimes.

Telle était la situation des choses, lorsque le 30 avril 1785, *les ecclésiastiques, nobles, officiers municipaux et autres notables* des paroisses de Mortain et du Rocher, adressèrent au bailli de Mortain une requête de huit grandes pages in-f°, chargée de vingt-quatre signatures, dans laquelle se reportant aux canons du concile de Mayence et à la loi Romaine des XII Tables, et pour obtenir l'exécution de la déclaration du roi, du 19 novembre 1776, et d'un arrêt du parlement, du 24 mai 1778, ils réclamèrent le changement du cimetière du Rocher, qui n'avait alors que soixante-douze toises carrées. Ils remontrèrent que les cimetières de Rouen, de Falaise, de Vernon, d'Isigny et de Vire, en conformité de ces ordonnances, venaient d'être tout dernièrement déplacés et mis hors l'enceinte des villes. Ils demandèrent donc pour eux le même privilége.

Cette requête ayant été transmise au Parlement de Rouen, sa valeur en fut accueillie favorablement par lui, et bientôt on dut s'occuper de choisir un emplacement convenable. Mais divers habitants vinrent protester, et plusieurs questions de préséance surgirent de tous côtés entre les membres du clergé et les juridictions civiles consultées pour donner leur avis.

Cependant, en exécution d'une première sentence, rendue à Mortain le 23 décembre 1785, il fut ordonné que des fouilles seraient faites :

1.° Dans une lande, bornée par la grand'route de Mortain à la Tournerie, par le champ de Cayenne et par le pré de la Vigne ;

2.° Dans une pièce de terre nommée l'Angevinne, joignant à la forêt, aux dépendances de la ferme du Champ-Moré, à la route de Mortain à Bion et à un petit chemin qui aboutissait à la forêt ;

3.° Dans le clos Gilles, situé entre la grand'route, la rue de Ronces et un chemin qui conduisait aux Tertres.

Les magistrats se transportèrent sur les lieux et

dressèrent un procès-verbal de leur visite. Le premier de ces terrains, que nous croyons être une lande placée aux Quatre-Vents, vers le nord de Mortain, et que l'on traverse pour se rendre au Petit-Séminaire, était alors la propriété de l'abbaye Blanche, et, comme aujourd'hui, sillonnée par plusieurs petits ruisseaux qui la rendaient marécageuse. Le second emplacement était satisfaisant. Enfin, le dernier, étant situé au midi de la ville, pouvait, à cause des vents, occasionner de nombreux accidents.

En conséquence, le champ de l'Angevinne fut désigné comme étant le plus avantageux. Un jugement, rendu le 9 août 1786, ordonna qu'il recevrait cette destination. Le devis estimatif des prix d'acquisition du terrain et des travaux d'appropriation qui fut immédiatement dressé, s'élevait à 1994 liv. 10 sous.

Cette instance allait donc enfin obtenir une solution, lors que les mécontents frappèrent cette sentence d'opposition et la traduisirent devant le Parlement de Normandie, tandis que le procureur-général, se portant lui-même appelant du jugement rendu par les magistrats du baillage de Mortain, conclut à sa nullité, pour vice de formes. Il fallut par suite recommencer la procédure sur nouveaux frais, le 2 juin 1789.

Dans ces circonstances, les évènements politiques vinrent apporter dans notre ville de graves modifications à ces règlements intérieurs. Le flot révolutionnaire emportant avec lui et le baillage qui s'était montré favorable à un déplacement, et les juridictions civiles, et même l'église et la paroisse du Rocher, les mêmes motifs ne purent plus être allégués désormais. On conserva l'emplacement primitif du cimetière ; seulement il fut augmenté de toute la partie orientale, située entre la ligne de prolongement que l'on pourrait tirer de l'angle du mur de la cour de l'hôpital, à aller rendre à l'entrée de la maison de l'ancien presbytère. Cette portion servait alors de jeu de paume.

Mais bientôt, son insuffisance ne tarda pas à être reconnue de nouveau, et l'on s'agita encore pour le choix d'un autre local. L'administration de l'Hospice offrit sur ces entrefaites, contre l'assolement de l'ancien cimetière, l'échange d'un vaste terrain nouvellement défriché aux pieds des rochers de l'Ermitage. Il y avait profit pour tous ; aussi ces propositions, accueillies avec reconnaissance par la population Mortainaise, reçurent-elles sans retard l'approbation de l'autorité supérieure, et ce n'a pas été sans éprouver une certaine émotion que nous avons pu assister enfin aux cérémonies imposantes de la consécration du nouveau champ des morts.

Ainsi, cette amélioration est maintenant un fait acquis et irrévocable. L'ancien cimetière du Rocher, qui avait reçu cette destination pendant huit siècles entiers, devenu désormais la propriété de l'Hôpital de Mortain, ne tardera pas à recevoir un autre emploi ; seulement, aux termes de l'art. 8 du décret du 23 prairial an XII, il devra être fermé et rester dans l'état actuel, *sans qu'on en puisse faire usage pendant cinq ans*. Après ce délai, dit l'art. 9 du même décret, ce terrain pourra être ensemencé et planté, sans qu'il puisse y être fait aucune fouille ou fondation pour des constructions de bâtiments, *jusqu'à ce qu'il en ait été autrement ordonné.*

La fermeture du cimetière du Rocher, entraînant dans un temps donné (cinq ans), son application à un autre usage, les pierres sépulcrales, croix ou autres objets, devront en être enlevés. S'ils appartenaient aux familles, et si celles-ci, averties par tous les moyens de publicité ne les ont pas réclamés, en vertu des principes généraux de notre droit, ils devraient revenir à l'Etat; mais par une décision assez récente du ministre des finances, rendue à la demande du ministre de l'intérieur, ces objets sont attribués aux communes pour l'entretien de leurs cimetières.

Restera la question de savoir à quelle époque des fouilles et des constructions pourront être faites sur l'emplacement de l'ancien cimetière : l'Assemblée nationale avait, par l'art. 6 de la loi du 6 mai 1791, fixé dix ans avant que ces terrains tombassent dans le commerce. Mais le décret du 23 prairial an XII n'a pas reproduit cette disposition ; aucun acte législatif postérieur n'est intervenu sur ce point, qui est laissé à la libre décision de l'administration.

CHRONIQUES DE MORTAIN.

DEUXIÈME PARTIE.

L'ancienne chapelle de l'Ermitage du Petit-Mont St-Michel du Rocher. — L'oratoire du nouveau cimetière de Mortain.

Comme complément nécessaire et presque indispensable du nouveau cimetière de Mortain, nos concitoyens ont immédiatement songé à faire édifier une chapelle. Mais où devra-t-on en jeter les fondations ? Sera-ce dans l'enceinte du lieu consacré, ou bien ne sera-t-il pas mieux de relever l'oratoire de l'antique ermitage, placé jadis sur la cîme de la montagne ? Telle est la question que nous avons entendu depuis plusieurs jours débattre autour de nous ; telle est la question dont nous ne prétendons nullement préjuger la solution, mais que nous demandons la permission d'entourer du récit de quelques-uns des faits qui se sont accomplis autrefois sur cette partie de la commune de Mortain.

Une petite cellule, construite par un ou plusieurs ermites qui vinrent se retirer sur la magnifique chaîne de rochers qui domine notre ville et qui formait anciennement la limite de la forêt de Lande-Pourrie, a donné son nom d'Ermitage à la pointe méridionale de cette montagne. Nous ignorons seulement à quelle époque précise cette dénomination lui fut appliquée pour la première fois, mais nous savons de source certaine qu'au milieu du XIVe siècle, le rocher entier était indiqué sous la désignation de Montjoie *(Mons Jovis)*, dernier souvenir qui se rattache à un temple païen, construit à Mortain sous l'invocation de Jupiter. C'est donc entre cette date et le commencement du XVIe siècle qu'il faut chercher; or, dans une sentence rendue par Jehan de la Bigne, écuyer, seigneur de Lambosne, nous trouvons la spécification du *rocher de la Montjoye à l'endroit du lieu anciennement nommey l'Hermitage,* et nous en avons à suffire, pour croire que des anachorètes ont existé là dans le cours du XVe siècle.

Ainsi, antérieurement au 5 septembre 1543, un ermitage avait été déjà consacré en cet endroit. — Ce jour-là, Guillaume Bernard, clerc de l'évêché de Chartres, se présenta donc devant le premier magistrat du pays, et lui exposa l'intention qu'il avait de vivre au même lieu, *de vie austère et de contemplation, pour faire prières et oraisons en estat et habit d'hermite.*

Le solitaire, en adressant ainsi sa requête, réclamait en même temps que, pour l'honneur de Dieu, il lui fût permis d'y construire une petite maison ou *habitacle :* il implorait de plus les moyens nécessaires pour y parvenir. L'autorisation lui en fut bientôt accordée, et le bailli ordonna même qu'il lui fût fait délivrance de deux pieds de chêne et de cinq ou six charretées de bois à prendre dans la forêt voisine.

Nous ne savons point ce que devint par la suite ce petit ermitage, car ce sont là les seuls actes qui relatent son existence, ainsi qu'un certificat délivré l'année suivante au même Guillaume Bernard, par Jean Lemesle, vicaire de l'église de Saint-Eloi du Rocher.

Après cet évènement, près d'un siècle s'écoule lentement dans le silence. L'ermitage semblait entièrement abandonné, lorsque nous voyons enfin la faveur renaître pour cette belle situation qui commande à toute la contrée et qui s'élance hardiment vers le ciel.

Une chapelle sous l'invocation de l'archange saint Michel vient d'y être construite au nom et sous le patronage de Mademoiselle Marie de Montpensier, comtesse de Mortain, alors sous la tutelle de Monseigneur le cardinal duc de Joyeuse, représenté par M. de Montholon, son mandataire : la clef de voûte vient d'y être scellée et l'on se prépare à l'inaugurer solennellement. François de Pericard, évêque d'Avranches, invité à venir présider cette imposante cérémonie, a daigné quitter sa ville épiscopale pour en faire lui-même la consécration. Mais avant d'y procéder selon les rites de l'église, le prélat fait tout d'abord rédiger sous ses propres yeux, le 24 juillet 1613, une charte qui contient l'énumération des revenus annuels affectés pour le service de la chapellenie. Soixante livres tournois de rente lui sont constitués sur la recette du domaine du comté de Mortain, à la charge pour le desservant de dire trois messes, le lundi, le mercredi et le vendredi de chaque semaine, à sept heures en été et à huit en hiver. Il devait encore rester chargé de faire les menues réparations d'entretien, et de fournir le luminaire de la chapelle. Cette charte porte la date de Mortain, et la signature du pontife.

Puis, le lendemain 25 juillet, Monseigneur d'Avranches gravit la montagne et vient bénir le temple et consacrer l'autel, dans lequel il renferme les reliques de plusieurs saints martyrs. Un acte nouveau constate encore cette circonstance.

Quelques années plus tard, par diverses lettres des mois de novembre et de décembre 1622, les revenus de l'ermite furent fixés sur de nouvelles bases, et les soixante livres tournois déjà accordées furent assises sur les produits de trois acres de terrain placées au-dessous du rocher où était la chapelle, et sur trois autres acres situées sur la *butte,* près les terres de l'Ermitage. C'est probablement la ferme de l'Ermitage. La duchesse de Montpensier accorda ensuite au chapelain douze livres de rente, à prendre sur les biens d'un nommé Julien Chevalier, ainsi que les coutumes de la foire octroyée par le roi Louis XIII à la ville de Mortain, au mois de juillet 1615. Cette foire devait se tenir au pied même du rocher sur lequel apparaissait la chapelle, dans la lande dont le cimetière actuel forme une portion. Elle avait lieu chaque année au mois d'octobre, le jour de l'octave de la fête de saint Michel.

Enfin, le souverain pontife, Clément XI, lui-même, voulant concourir de son pouvoir à la renommée de cet oratoire sacré, dont la réputation était parvenue jusqu'à lui, accorda une indulgence plénière de sept années à tous ceux qui visiteraient dévotement, le jour de la fête de l'archange, la chapelle *de l'Ermitage de sainct Michel, située aux limites de la paroisse du Rocher lez Mortain.* Un bref que nous avons tenu dans nos mains en fut expédié sous l'anneau du Pêcheur, le 7 septembre 1702. Il est daté de Sainte-Marie-Majeure.

Cependant, malgré ces différents priviléges, créés spécialement pour cette maison, les dépenses augmentant chaque jour, et d'ailleurs plusieurs ermites fort âgés ayant été obligés de s'adjoindre des compagnons de leur solitude, force leur fut d'avoir recours à de nouveaux moyens. L'évêque d'Avranches, Monseigneur de Kerhoen de Coettanfao, accorda en conséquence, vers 1714, au frère Dolithée Quentin, l'autorisation de faire une première quête dans le pays. Par la suite, ce moyen plusieurs fois répété, devint même une des principales ressources de ses successeurs, et ce fut dans les diverses tournées qu'il opéra ainsi, que le frère Gaillard, le dernier d'entre eux, acquit sa renommée de gai commensal. Enfin, il fut même permis aux ermites de pouvoir vendre aux étrangers qui visiteraient leur oratoire, du lait, du beurre, des fruits et divers produits suffisants pour une légère collation, mais avec défense expresse de distribuer aucunes liqueurs fortes ou fermentées.

Durant une période de cent soixante ans environ (de 1613 à 1777), douze anachorètes habitèrent la petite cellule attenante à la chapelle, et administrèrent l'Ermitage. Ensuite, après la mort de Pierre Gaillard, inhumé dans le chœur de son oratoire, on réunit les faibles revenus de cette sinécure à ceux de l'hôpital général qui venait d'être fondé à Mortain, par lettres patentes du roi Louis XV, à la date du mois de mars 1773. Cette réunion, consentie par le comte de Mortain, Louis-Philippe, duc d'Orléans, s'opéra suivant décrets définitifs de l'évêque d'Avranches, des 5 avril et 5 mai 1777. Depuis l'extinction de ce bénéfice, la chapelle de l'Ermitage, complètement délaissée ainsi que la cellule, ne firent plus que se détériorer, et bientôt elles ne présentèrent qu'un monceau de ruines aux regards des visiteurs.

C'est donc aux mêmes lieux que plusieurs proposent aujourd'hui qu'une nouvelle chapelle soit incessamment édifiée. Espérons que le succès couronnera encore cette entreprise : mais ne nous pressons pas trop, attendons plutôt quelques mois, ou même au besoin une ou deux années, que des dons et des fondations soient venus faciliter les moyens d'y faire un gracieux édifice. La modicité du capital que produira une quête ne permettrait rien qui fût digne de la beauté du site ; sachons nous priver un instant, afin de pouvoir mieux jouir ensuite.

Une svelte et élégante chapelle dans le style ogival se dessinerait d'une façon si pittoresque et tout à la fois si poétique, à l'extrémité de ces vastes avenues de sapins qui viennent d'être plantées sur le sommet du plateau de l'Ermitage, et dans les anfractuosités mêmes du rocher ! Les blanches murailles de l'édifice sacré ressortiraient si bien sur la sombre verdure de ces arbres que nous verrons grandir ! Et puis, quelle situation plus majestueuse pourrait-on choisir ? En présence de ce Mont Saint-Michel habité par des captifs qui cherchent par la prière et par le travail à se réhabiliter aux yeux d'une société qui les a rejetés de son sein, et qui fut autrefois, pendant tant de siècles, la demeure de pieux religieux dont la mission était de prier sans cesse et de secourir leurs frères exposés au milieu des grèves ; en face d'une nature féconde qui étonne et rappelle chaque jour à l'homme combien est infinie la puissance de Dieu; en avant de trois provinces, la Normandie, la Bretagne et le Maine, auxquelles nous pourrons montrer que la religion des souvenirs vit dans les cœurs de nos concitoyens et que la mémoire des absents ne s'y efface jamais, même malgré la rapidité du temps. L'oratoire dominerait en effet le cimetière et ne serait qu'à deux pas de lui ; de là, en même temps qu'il redonnerait la vie au silence de la mort, il ranimerait un peu la confiance de ceux qui, frappés souvent de coups terribles, ont quelquefois besoin de venir se retremper à l'école du malheur et des adversités. Enfin, la croix qui s'élancerait dans les airs, du sommet des clochetons de l'oratoire, brillerait à tous les yeux comme un phare d'avenir et d'immortalité.

La situation du rocher de l'Ermitage est unique dans le département, nous dirions presque dans toute la France. Sachons donc la mettre à profit. La nature a déployé en cet endroit toutes ses richesses et nous n'avons qu'à compléter son œuvre pour faire quelque chose de parfait. Faisons justice des prétentions de ceux qui voudraient voir une chapelle au rond point d'un vaste parallélogramme incliné sur le versant de la colline, ou même à l'une de ses extrémités. Ne laissons pas écraser notre chapelle que nous voulons voir dégagée de tout obstacle ; ne la laissons pas, disons-nous, écraser sous les masses gigantesques de nos rochers qui la couvriraient comme de leurs ruines imposantes. Et surtout, n'allons pas suivre les traditions de nos campagnes voisines où toujours l'église se trouve au milieu des tombeaux. Rappelons-nous plutôt qu'à Paris, au cimetière du Père-Lachaise, un oratoire situé à l'une de ses extrémités s'élève sur un monticule créé par la main des hommes. Ces accidents de terrain, que la nature avait refusés dans cet endroit, on les a obtenus par le travail ; mais jamais aucune entreprise n'égalera notre beau rocher de l'Ermitage. Les prières doivent s'élever vers le ciel avec les aspirations de l'âme, *portons-y* aussi nos temples : et rattachons ainsi le passé à l'avenir en relevant les ruines de l'antique chapelle dédiée à saint Michel archange.

En énonçant quelques-uns des motifs qui militent en faveur de cet emplacement, nous croyons exprimer l'opinion de la majorité de notre population. Nous disons de plus que ce terrain est offert à la ville de Mortain avec une telle gracieuseté, par l'administration de l'hospice et par les dignes religieuses qui en prennent soin, qu'un refus ne peut être fait à leur chaleureuse proposition. D'ailleurs il est toujours pénible d'avoir à répondre par une non-acceptation, et le meilleur moyen de l'éviter est d'accueillir leur dévouement qui, nous le savons, est inépuisable.

HIPPOLYTE SAUVAGE.

www.ingramcontent.com/pod-product-compliance
Ingram Content Group UK Ltd.
Pitfield, Milton Keynes, MK11 3LW, UK
UKHW021152230726
13926UKWH00001B/66